BRUNA VIEIRA

meu corpo virou poesia

O selo jovem da Companhia das Letras

Copyright do texto © 2021 by Bruna Vieira
Copyright das ilustrações © 2021 by Brunna Mancuso

O selo Seguinte pertence à Editora Schwarcz S.A.

*Grafia atualizada segundo o Acordo Ortográfico da Língua
Portuguesa de 1990, que entrou em vigor no Brasil em 2009.*

CAPA E PROJETO GRÁFICO Elisa von Randow
ILUSTRAÇÃO DE CAPA Brunna Mancuso
PREPARAÇÃO Stéphanie Roque
REVISÃO Carmen T. S. Costa e Huendel Viana

DADOS INTERNACIONAIS DE CATALOGAÇÃO NA PUBLICAÇÃO (CIP)
(CÂMARA BRASILEIRA DO LIVRO, SP, BRASIL)

Vieira, Bruna
Meu corpo virou poesia / Bruna Vieira ;
ilustrações Brunna Mancuso. – 1ª ed. –
São Paulo : Seguinte, 2021.
ISBN 978-85-5534-143-4
1. Poesia brasileira I. Mancuso, Brunna.
II. Título.

21-57409 CDD-B869.1

Índice para catálogo sistemático:
1. Poesia : Literatura brasileira B869.1
Cibele Maria Dias – Bibliotecária – CRB-8/9427

[2021]
Todos os direitos desta edição reservados à
EDITORA SCHWARCZ S.A.
Rua Bandeira Paulista, 702, cj. 32
04532-002 — São Paulo — SP
Telefone: (11) 3707-3500
www.seguinte.com.br
contato@seguinte.com.br

Eu estive quieta,
mas nunca perdi minha voz.

*Para todas as mulheres
que estiveram ao meu lado
ao longo desta jornada.*

Como eu vim parar aqui?

A ideia deste livro surgiu há alguns anos e me acompanhou dia após dia, ininterruptamente, desde que tomei a decisão de chamar um lugar desconhecido de casa.

Lembro de observar as malas abertas espalhadas no meu quarto antes de partir e do frio na barriga por não ter a menor ideia do que estava por vir ou do que eu estava deixando pra trás. A ingenuidade dos vinte e poucos me anestesiava. Algo em mim sabia que não havia opção; eu precisava enfrentar o mundo para saber se aquele sentimento que eu carregava dentro do peito era tão forte e resiliente quanto eu julgava ser.

Sem que ninguém entendesse bem meus motivos,
em 2017 juntei minhas coisas e fui viver em outro
país, vestida de toda a coragem que, felizmente,
nunca me faltou. Acho que eu era
a pessoa mais feliz naquela fila de embarque,
porque estava convicta de que sentimentos
são mais fortes que tudo.

E eles são, mas se transformam.

Acho fascinante perceber como a inspiração
não flui quando não estamos sendo honestas
com nossas escolhas de vida. Quando eu me perdi,
de alguma forma, ela também se perdeu de mim.
Levou um tempo até eu entender por que minhas
palavras não se encaixavam mais.
Eu queria, mais do que tudo, me libertar e escrever
sobre todas as coisas que eu estava vivendo ali,
em tempo real, mas algo estava quebrado à minha
volta.

Por mais que isso estivesse óbvio, eu fui
a última a perceber.

Tardes inteiras de sol e neblina em uma cidade desconhecida foram desperdiçadas em tentativas de criar algo que fizesse sentido dentro e principalmente fora de mim, como uma ponte entre quem eu era e quem eu achava que deveria ser para fazer parte daquele universo que havia se transformado tanto ao longo dos meses.
Eu me enganei.

Não me arrependo de nada — caso contrário, estas páginas ainda estariam em branco e eu não seria quem me tornei, mas quis seguir com a ideia de falar honestamente sobre o que sinto, porque é assim que eu lido com tudo. Desculpe se de alguma forma fiz você acreditar em alguma ilusão ou ideal que criei. Foi difícil demais acreditar que tanto esforço, tanta energia, tanto sentimento foram em vão.

Mas este livro não é um pedido de desculpas.
É um mapa. É meu caminho de ida e volta para casa, relatos reais repletos de lembranças, aprendizados e cicatrizes de alguém que sempre vai se orgulhar de ter o amor como prioridade na vida.

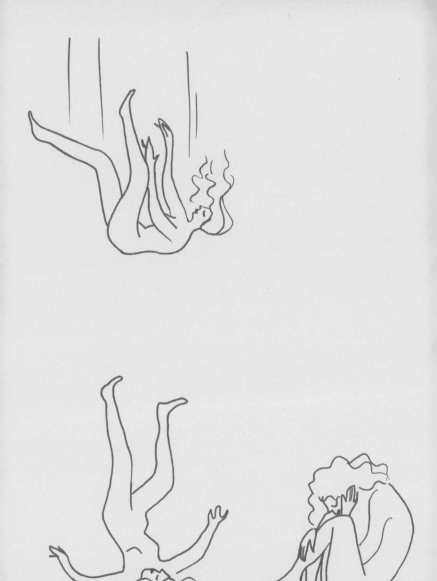

Minha cabeça virou VERSO.
Minha garganta virou ESTROFE.
Meu pulmão virou MÉTRICA.
Meu ventre virou RIMA.

CABEÇA

(onde moram os pensamentos e todas aquelas coisas em que eu acreditava)

Jardim

Enquanto caio
e o vento me carrega,
eu vejo o céu
sinto o calor do sol
e o cheiro do mar.

Eu me curvo
me dobro
me escondo
e te imploro:
não me deixe cair do seu bolso
eu caibo em qualquer lugar.

Eu vago
e me sinto invisível,
vulnerável.
É escuro,
ouço passos vindos do andar de cima
e risadas.
Agora eu sou a piada.

Construíram um império
e colocaram fogo no jardim.

Despertar

O que você faria
se o seu mundo inteiro
te olhasse nos olhos
e te dissesse que você nunca realmente
pertenceu àquele lugar?

Pra onde você iria
se o seu lugar mais seguro do planeta
te pedisse pra desaparecer
de uma hora pra outra?
Você sumiria?

De onde vem essa força que te diz pra ficar?
Você quer se convencer de algo ou simplesmente se
        [despedir?
Essa luta não é mais sobre o fim trágico de uma história
        [de amor,
é sobre o amor que restou dentro de você
e sobre como você respeita cada uma de suas batalhas,
principalmente as que você estava lutando sozinha.

Você não (se) perdeu.
Desistir agora é tentar
do jeito certo.

Se dói tanto, por que não sangra?
Se todo mundo sabia, por que ninguém te avisou?
Não eram seus amigos.
Nunca foram.

Tantas perguntas,
tantos andares,
e essa fumaça que não passa.

Na cidade da neblina,
não adianta esperar o sol.
Ele nunca é quente o suficiente.

O pesadelo acaba
quando você finalmente
percebe que precisa abrir os olhos.
Essa é só uma noite estranha
de uma vida inteira que recomeça agora.
Acorda.

Tesouro

Eu me apaixonei
por todas as pequenas coisas
que tínhamos em comum
e que ninguém mais conseguia enxergar.
Era o nosso superpoder
enfrentar o óbvio
confundir os padrões
rir do improvável.
Eu te amei nos mínimos detalhes
dos que me ensinavam até os que me confrontavam.

Eu via algo que passava despercebido para todos eles
e que você me mostrou em raros momentos de descuido
— eu os guardei na memória como tesouro,
ações que valorizaram com o tempo.
Eram raros porque não eram comuns na sua vida até ali,
imaginei.
Achei que poderia te mostrar
como é importante sentir
como faz bem amar
sem fazer as contas.

Da carta que sua avó nunca recebeu
até a lágrima na beira da piscina depois da nossa
        [primeira conversa profunda,
sensibilidade não é uma fraqueza,
mas quanto mais vulnerável eu me tornei
menos você se enxergou em mim.

Seguimos em sentidos opostos,
mas será que algum dia estivemos na mesma direção?

INCOMPLETO

Achei um caderno antigo com frases incompletas
rabiscos de uma época em que eu, em voz alta, éramos nós.
Me perguntei em silêncio, enquanto a poeira flutuava,
quantas vezes será que usei a minha preciosa imaginação
para fantasiar uma outra versão de você?

Dias de sol,
a grama do palácio
e os nossos pés se esquentando antes de dormir.
Eu queria que todos te vissem como eu
te enxergava de olhos fechados.

Quantos pequenos momentos insignificantes para você
eu transformei em páginas inteiras na minha memória.
A minha coroa não era de ouro,
era de histórias.

Longe de mim querer te vestir de culpa
ou apagar minhas próprias escolhas.
Há algum tempo eu deixei de ser uma vítima,
para me tornar a protagonista.
E isso só foi possível porque estas frases
mesmo incompletas

foram escritas
e me guiaram até aqui.

Agora que já não há mais nada seu,
as páginas não param de se preencher
e me preencher.

Meu decreto, então,
é que a minha imaginação
sempre encontre folhas em branco
e olhos verdadeiramente atentos.
Todas as minhas histórias merecem ser ouvidas:
as que eu quiser viver
as que eu quiser contar
as que eu quiser imaginar.
E que os campos de girassóis
nunca mais sejam paradas inoportunas.

SINTA

Se você não souber sentir,
nem sente comigo.

Tá sempre faltando um pedaço de mim

Queria ir ao médico fazer exames,
raio X, ultrassom e ressonância,
o que o convênio pagar.
Preciso de um laudo completo
só pra saber o que está fora do lugar.

Me prescrevam um remédio
que faça esta angústia passar.
Eu acho que estou machucada,
mas o curativo foi feito no lugar
errado.

Essa cicatriz no meu joelho
em formato de coração
é a prova
de que eu nasci
com a mania
de transformar sofrimento
em amor.

COMO DIZER ADEUS PARA
ALGUÉM QUE EU INVENTEI?

Cheguei à conclusão
de que desistir do ideal que criamos de alguém
às vezes é mais doloroso que se despedir da própria
        [pessoa.

Nos despedimos de vez,
mas como eu me despeço de alguém que eu criei
e que sempre existiu só dentro da minha cabeça?

É uma diferença sutil
mas que liberta de um monte de culpa
e colore o passado
com as cores
da verdade.

O jeito que eu enxergava as coisas
ou como elas parecem quando resgato
uma memória antes de dormir
— assim como a minha paleta de cores favorita
ou um filtro do Instagram
— é só uma parte.

E olhar para trás
e enxergar tudo com clareza,
as partes boas e ruins,
ensina que admitir
é mais fácil.

Até eu esquecer seu cheiro

Juro que te esqueci
até o vizinho usar o mesmo perfume que o seu.
Esta manhã, meu elevador
era nosso,
mas você não mora mais aqui.

Os detalhes que eu perdi

Hoje o pôr do sol me fez pensar
em quantos detalhes do mundo eu perdi
porque só tinha olhos para você.
E há indícios de que tudo o que eu vi ali
não passou de uma miragem.

INCÊNDIOS POR TODA PARTE

Por que eu me importaria com o que vou usar amanhã
se a angústia é a minha primeira pele
e ela apaga todas as outras cores lá fora?

Já é outro dia
a neblina cobriu o sol mais uma vez
há fumaça por toda parte
respirar aqui é como fumar 365 cigarros.
Eu nunca fumei
mas estou aqui
vivendo pouco
e morrendo depressa.

Vi sobre o incêndio na TV
a natureza é a única que se importa.
Me pergunto agora se ela chora
ou se me diz para começar o meu próprio incêndio
          [também.

Sinto frio.
Sinto medo.
Quero parar o mundo.
Quero que o mundo gire ao contrário.

Morre aqui a minha ingenuidade.
Morre aqui a minha inocência.
Mas eu ainda estou de olhos abertos.

Todas as bugigangas
que comprei para preencher os espaços
agora estão na casa de estranhos.
Todo mundo aqui é estranho.
Então decidi deixar todas as coisas que nunca foram
        [minhas
e carregar apenas o meu corpo
e a minha crença
para um lugar seguro.

Das lutas travadas pelo amor,
a verdadeira vitória é a liberdade.

PISTA

Uma vez ele me disse
que eu era ingênua por acreditar
em qualquer bobagem.
Não era uma opinião.
Era uma pista.

Os sinais que o seu corpo te dá

Confie nos sinais que o seu corpo te dá
tanto quanto você se importa com o que os outros
falam ou pensam sobre você
— isso sempre diz muito mais sobre eles.

Nunca cale suas necessidades
para suprir expectativas e frustrações alheias.
Falar em voz alta o contrário do que o corpo
pede é ir em sentido oposto ao que você já aprendeu
          [antes.
Suas cicatrizes formam um lindo mapa
que te leva para um tesouro que é só seu.
Sem elas você nunca teria saído do lugar
ou estaria andando em círculos.

Seu corpo te conhece desde o dia um,
os outros te encontram no meio do caminho.

Será que eu realmente gostava de você ou da ideia de estar gostando de você?

Se eu me deixar
você não vai mais ter sido o único
a fazer isso.

Nosso café agora é só meu

Espalhei a culpa por aí:
culpei o vento, o tempo e as tardes que viravam noites
        [rápido demais.
A cidade nunca foi o problema
nem as horas de espera.
Eu apenas não me encaixava mais no que você se tornou.
Quem se encaixaria?

Eu fui para muito distante de mim
só para ficar mais perto de você.
Mas agora estou voltando
a pé.
É um longo caminho,
mas eu sei nadar
nas lágrimas,
eu sei escalar
os prédios mais altos da cidade.
A vista é mais bonita quando você não está por perto
porque eu não preciso tentar te fazer reparar.
Ainda é um longo caminho,
mas ao menos agora eu consigo apreciar as flores.
E as cores.
E as letras das músicas

que um dia eu cantei pra você
e que agora me lembram de quem nós nunca fomos.

Me diminuí, me encolhi e me esqueci
do que me fez chegar até aqui.
Não foi você, foi o amor.
O amor que eu tinha nunca seria suficiente para nós dois,
então embrulhei ele pra viagem
e engoli sozinha.
Minha pele nunca esteve tão bonita,
meu cabelo nunca cresceu tão rápido como agora.
Adivinha?
Eu não te perdi,
eu me libertei,
porque você nunca foi a chegada,
era apenas o caminho.
Me espera um mundo sem espera.

A gente é inteiro

Se a gente precisa apagar muito do que a gente é
só para fazer parte de algo,
provavelmente esse algo não é nosso de verdade.

Seu defeito também é você

Ser uma pessoa teimosa
é saber confiar no próprio instinto
mais do que qualquer outra coisa.
É ouvir todos os conselhos com atenção,
mas ainda sentir que é preciso tirar suas próprias
        [conclusões.
Cabeça dura. Coração mole.
Não há espinho que te afaste da roseira.
Não há altura que te impeça de apreciar a vista.
Não há velocidade que te faça perder o controle.
Continue teimando, garota,
mas dessa vez tenha certeza de que é pelo motivo
        [certo.
Por um sonho que te completa.
Por alguém que vale a pena.
Por uma história em que você é a personagem
        [principal.

Novas memórias em lugares
que não tinham culpa alguma

Lembro do sentimento de liberdade tomar conta de mim
pela primeira vez
enquanto eu atravessava a Market sozinha naquele fim de
        [tarde em outubro.
Eu mal conseguia ouvir meus pensamentos
ou prestar atenção no mundo acontecendo ali fora
porque a música no fone estava propositalmente alta
        [demais.
Meus passos apenas acompanhavam a batida
e mesmo sem saber direito para onde o meu corpo me
        [levaria,
eu continuei seguindo em frente.
Achei que o vento frio de São Francisco congelaria meu
        [coração pra sempre.

Não aconteceu.

Universo

O problema de viver muito no universo de
      alguém
é que você esquece proporcionalmente o
      tamanho do seu.

Amar é maré

Você não desiste de navegar e pula fora do barco.
Se você realmente se importa, independente do resto,
         [você nada com a outra pessoa até onde os pés dela
         encostem no chão. De lá, eu te garanto, ela nada
         sozinha pra casa.

Mas você me empurrou para a pior das tempestades.
Adivinha? Eu descobri que o mar gosta de mim.
Que as ondas só estavam tentando me proteger de você.
Você não entenderia, mas existe um universo inteiro nas
         [profundezas de quem não tem medo de sentir.
Hoje eu mergulho de cabeça
enquanto você carrega o peso do mundo nas costas.
Que bom que eu não sou mais a sua âncora.
Eu nunca soube ser só isso pra alguém.

ONDE FOI PARAR A AMIZADE
QUE EU CULTIVEI AQUI?

Um fato curioso que eu só percebi depois
é que eu costumava ser amiga de todos os seus amigos
— a mais gentil, a mais legal, pra quem vinham pedir
          [conselhos.
Você nunca se interessou em conhecer os meus.

Ela é boba demais.
Outro dia eu vou.
Depois você me conta essa história.

Vejo nisso uma pista
e também uma grande lição.

Seus amigos,
apesar das minhas tentativas,
nunca foram nossos amigos,
sempre foram só seus.

E no dia seguinte
dos dias que estavam por vir,
eu me senti só
e pensei:

eu não terminei com vocês,
mas todos terminaram comigo.

Sorte que logo eu me dei conta.
Aqueles assuntos também não eram meus.
Aquelas piadas nem eram tão engraçadas assim.
Aquelas frases horríveis nunca foram ditas da boca
        [pra fora.

Um minuto de silêncio
por todos os minutos que eu fiquei em silêncio
achando que o que eu iria falar era besteira.

Besteira mesmo é ficar onde a sua presença é tolerada.

Cenotes

A água era gelada
mas me arremessei mesmo assim.
Prendi a respiração
e deixei o meu corpo afundar.
Cada parte que ainda doía
latejava
dos ligamentos rompidos ao coração esmagado.
Mesmo sabendo que não daria pé,
eu submergi
só para nadar ao seu lado,
mas ao te procurar no escuro
com os olhos ainda fechados
minhas mãos percorreram o vazio.
Foi diferente de todos os outros abandonos.
Eu não mergulhei no lugar errado;
não tinha como colocar a culpa em mim.
Você nadou pra longe quando me viu chegar.
Abri os olhos,
aquela água era tão azul e cristalina
como num conto de fadas
em que eu finalmente
consegui ver.

Você já não estava comigo
e o lugar mais lindo do mundo
virou o lugar em que eu tive certeza.

Semente

Quando você tentou me calar
e tirou de mim as palavras,
meu corpo virou poesia.
Minhas curvas mudaram.
Hoje sou versos e estrofes,
cicatrizes e histórias,
de uma arte que você nunca
realmente conseguiu entender.

Não carrego em mim culpa,
porque agora eu finalmente entendo:
você jamais me enxergaria de verdade.
E eu não aguentaria ser invisível pra sempre.

Não sou meu sucesso e minhas conquistas
sem todo o meu drama e sensibilidade.
A melhor parte de mim não cabe na capa,
nem em listas ou num extrato bancário.

Sinto muito,
não sou feita de números como você.
Sou sentimentos.
O resto é consequência disso.

Um dia, você admirou tudo o que eu construí,
mas no outro quis jogar fora os meus tijolos mais
          [importantes,
e sem nem perceber,
fui pra muito longe de mim.
Pra te agradar,
eu fui tirando
tijolo por tijolo
do lugar.

Eu me desmoronei por inteiro
para tentar caber em você.

Me coloquei na estante da sala,
me encolhi no sofá,
me fiz de mobília
ao lado do móvel que escolhi sozinha pra nós dois.
E você fez questão de dizer:
"Jamais teria algo tão verde assim na sala de casa".

Verde é a minha cor favorita.
Mas esse detalhe deve ter lhe escapado.

Quando você nos implodiu,
mesmo querendo cair,
me mantive de pé.
Pra olhar nos teus olhos
e ouvir da tua boca
que aquele nunca foi o meu lugar.
Que para haver um futuro eu deveria ser minha
       [versão do passado,
mas a única coisa que realmente existe é o presente.

Ignorei as pistas,
os sinais vermelhos,
a minha intuição.

Eu não teria acreditado se me contassem.
Nosso fim foi um novo começo pra mim.

Com a ajuda das palavras,
eu me reconstruí.
Sem seus moldes.
Sem suas correções.
Minha única
linguagem é o amor.
E os créditos
são todos meus.

Porque, se fosse por você,
eu ainda estaria enterrada no chão.

Mas eu sou semente
e sei me plantar sozinha.

GARGANTA

(onde eu descobri outra vez a minha voz e a vontade de gritar bem alto)

Nós

A corda vai mais longe quando você tira todos os nós.
Sem nós,
eu
finalmente
me alcancei.

CORAGEM

Amar não é apenas ter um sentimento guardado dentro
[do peito.
É o que você decide fazer com ele no outro dia pela
[manhã.
Há algo poético em cultivar apenas o sentir,
desembrulhar expectativas toda noite antes de dormir.
No mundo lá fora nada é tão valente quanto fazer algo a
[respeito.
Nem antes, nem depois. Agora.
Leio todos esses textos sobre amores [incompreendidos
e me pergunto:
Tá bom, mas o que você realmente fez pra essa história
[dar certo?

Colocar a culpa no destino é não se levar a sério.
Meu bem, o amor não vem pronto.
Você precisa se enroscar, se envolver e se arriscar.
A outra metade da laranja muitas vezes é uma goiaba.
Uma goiaba que decidiu viver do outro lado do
[continente.
Sei lá, parece que tá todo mundo esperando a próxima
[cena do filme,

enquanto desliza o dedo na tela do celular em silêncio.
Saiba que você ainda está no comando.
Só volte aqui quando tiver mais do que apenas
o mesmo desabafo de sempre para me contar.
Quero passagens compradas, quero mensagens escritas
e enviadas na hora.
Você quer dizer o que quer dizer.

Como amiga, desejo que você sinta a liberdade e a paz
        [de dormir
sabendo que fez absolutamente tudo que poderia ter feito.
Nem que seja para finalmente
colocar um ponto-final nessa quase história
de uma pessoa só.
Ouvi dizer que amor-próprio ainda é o jeito mais
        [corajoso de amar.

ESSA LÁGRIMA NÃO VAI
MATAR A MINHA SEDE

Tropeço na ordem das coisas,
começo com a certeza de que amo,
vejo graça em suas maiores inconveniências,
enquanto você se distrai com os privilégios.
Te empurro para um pedestal invisível,
onde toda a fumaça
e toda a luz que projeto
transformam um monstro
em uma espécie de divindade.
Sua pele é macia,
mas há textura em suas palavras.

Antes de dormir,
fecho os olhos na escuridão,
e na tentativa de finalmente adormecer,
esbarro em cada coisa fora do lugar.
A bagunça que eu fiz pra você querer ficar.

Pela manhã,
faço dos incontáveis hematomas em minha pele
uma pintura em aquarela
com todas as cores e formas
que sempre nos faltaram.

Há algo que nunca encontrei nos seus olhos
mas que sempre escorreu involuntariamente dos meus.

Ruído na comunicação

Tudo aquilo que você não disse, eu imaginei.
O silêncio nem sempre evita todos os confrontos.
Frequentemente ele arma exércitos inteiros
e a guerra começa e acaba com palavras que
sequer saíram da sua própria boca.

Quem apagou a luz?

Se você não se conhece bem e aceita
a sua pior versão, provavelmente não
saberá apreciar quando estiver se
aproximando da sua melhor.

O vilão e o mocinho
se conhecem
e estão de mãos dadas.
Eles coexistem dentro da gente.
Yin-yang.

A luz de ser quem se é
da forma mais crua possível
sem medo do que o resto do mundo pode vir a pensar
só se faz necessária se um dia
você precisou descobrir
o que é
estar na escuridão.

Depois de um tempo com a luz apagada
seus olhos vão enxergar através
do que ainda é desconhecido.
E eles vão ver mais que antes.
Com atenção.

Entre todas as coisas,
somos quem escolhemos ser.
Mas não esqueça:
nossas reações são também
resultados
de outras ações
incontroláveis.

Esconderijo

Acordei pensando na minha pele,
essa camada de que sou feita
e que me protege do mundo.

Mas penso também em todas as outras invisíveis,
que ninguém consegue tocar,
mesmo quando eu quero que o façam.
Camadas invisíveis que eu criei para me proteger e
        [me adaptar
e que moldam cada pensamento meu
e cada decisão que tomo.

Eu vou sair da cama hoje?

Das palavras que formam este verso
até as frases que eu nunca disse em voz alta
e foram ficando para depois,
mas que nunca morreram em mim.

Escrever é deixar o sol entrar.
É lembrar que não estamos presos nessas camadas.
Elas fazem parte de quem somos
e, como uma mãe prestes a amamentar,

é importante se despir do medo.
Nossas partes mais sensíveis
são os nossos maiores alicerces
e o que nos conecta com o que
viemos fazer neste mundo.

Há um tempo
meu esconderijo deixou de ser em alguém.
Eu achei que estava perdida,
mas em lugar nenhum do mundo
cabe mais tudo o que somos
do que no presente.

Então eu ando por aí no meu esconderijo
nesse amontoado de histórias
nessas camadas de complexidade
que nem todo mundo entende
mas que me move.

Pessoas completas
precisam de pouco,
e isso me ensinou
que qualquer lugar do mundo é meu,
já que antes de qualquer outra coisa
eu moro em mim.

Cuidado

Só vá para o fundo
se você souber nadar de volta
sozinha.

Passageiro sem bilhete

Você não terá o meu amor assim tão fácil
e eu explico o motivo.

Ninguém merece a minha tranquilidade
se não tiver coragem de dançar com o meu caos.
Você não fará parte da minha história
se não tiver tempo para ouvir o que eu escrevi até aqui.
Minhas fraquezas nunca mais serão usadas contra mim.
Elas são as arestas que dão forma ao meu corpo.

Meu silêncio é o grito mais forte que já dei
e por dentro ecoa apenas a minha voz.

Tudo aquilo que me disse
não fiz questão nenhuma de guardar.
Combinar palavras à distância
sem fazer nada a respeito
é tão corajoso quanto bocejar.
A guerra acabou antes mesmo de começar
mas o meu exército dança ao som dos pássaros
e segue para o leste
onde o sol nasce
e eu renasço também.

SERÁ QUE JÁ SAROU?

Veja graça em cultivar as flores do jardim
e abrir a janela pela manhã
(talvez até se surpreender com o tempo)
tanto quanto você se satisfaz em segredo
antes de dormir
ao tentar tirar as casquinhas dos machucados
que ainda estão cicatrizando.

Seu sangue deixou uma mancha no lençol.
Quantas vezes você vai precisar esfregar até ela sair?

Seu corpo te pede tempo
até a nova pele crescer.
Use esse tempo para enxergar
beleza nas transformações
que continuam acontecendo lá fora
independentemente de você.

CASA

Espero que as suas raízes sejam presas em terra firme
para que nenhum vento te leve pra longe de ti.
E que as piores tempestades
te façam florescer
de todas as cores possíveis.
Que ao amanhecer
o sol apareça
pra esquentar sua alma
e seus pés gelados.
Você precisa aprender a ver o medo como um portal,
a dor como um processo,
a sombra como um jeito de finalmente apreciar a luz.
É através das rachaduras na parede
que a luz entra.
Nossos sentimentos são pilares.
Sua casa é
você.

Memória

Quem tem memória guarda um tesouro inteiro no
        [travesseiro.
No último outono muitas folhas caíram dentro e
        [fora de mim,
mas foi importante me sentir leve outra vez.
A natureza me acolhe e me ensina,
fico querendo me mudar pra perto do mato
e acordar todo dia
mais perto de mim.

Afundo

Mergulhos sem fim
mergulhos em mim
onde só eu sei nadar
onde escolho me afogar;
em dias como hoje
eu afundo e afundo
até saber que deu pé.
O fundo do mar
foi onde aprendi a me amar.

Amuleto

Meu coração mole é o meu ponto fraco
mas também é o meu melhor amuleto.

Quantas vezes você
já foi arquiteto da
sua própria gaiola?

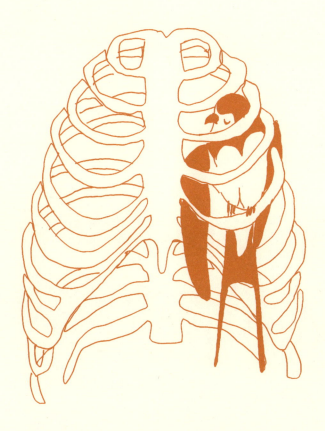

Uma luz

O amor não é abrigo.
Não é o cimento que mantém a casa em pé.
Nem os tijolos.
É uma escolha.
É a luz que um acende
para iluminar o outro
quando anoitece.

CAÇA AO TESOURO

Foram tantas buscas,
tantos processos e histórias.
(Muitas histórias.)
Um caminho que alguns assistiram, mas que só eu
          [realmente percorri.
Ainda não cheguei ao final, mas sei que o meu bem
          [mais valioso
é o que eu aprendi sobre mim.

O mundo de fora me ensinou como percorrer esse
          [meu mundo de dentro.
E hoje, mais que ontem e menos que amanhã, eu sei
          [onde ficam
minhas pequenas e preciosas fontes de prazer.

Me tornei minha amiga.
Vivo em companhia dos meus pensamentos.
Sei quais vozes devo ouvir, quais são ecos de outra
          [pessoa.
Eu me transformo todos os dias,
mas cada vez mais em quem eu nasci pra ser.

Então, hoje, especialmente hoje,
desejo que você se lembre como é bom
se apaixonar perdidamente por todas as suas
          [versões.
Das mais lindas até as que não mostramos pra
          [quase ninguém.
Da luz que deixa tudo mais bonito até a sombra
que nos obriga a confiar no desconhecido.
Amar a si mesma é o equilíbrio pra viver todas as
          [aventuras mais lindas desta vida
e saber exatamente o caminho de volta pra si.

OBRIGADA

Toda vez que me lembro das coisas ruins
que aconteceram ao longo do caminho
penso em como o universo arrumou um jeito
quase incompreensível
de me preparar para viver o agora.

LIBERDADE

Tudo começou com um sentimento
um desconforto confortável
que me fazia olhar através da janela
e imaginar como seria
me despedir pela última vez.

Sinto no peito essa vontade
um impulso de fugir pra bem longe
mas sem usar as minhas próprias pernas.
Fugir de mim
e começar de novo.

Qual é a graça da liberdade
se estamos todos presos em quem nós somos?

Lembro das vezes que me senti mais livre
e sei que foi quando me apaixonei
porque dei espaço em mim para o outro
e dei pro outro o mapa de como eu me sinto.

E eu me encontro com o outro
em uma parte minha que ainda desconheço.

Seria a paixão o bilhete pra liberdade humana?
A melhor parte da montanha-russa
é quando ela está subindo
ou caindo?

Dentro

Ouvir o corpo e a mente.
Encontrar o equilíbrio entre as duas direções
que eles nos mandam ir.
Não há certo ou errado,
são possibilidades.
Nem pra lá, nem pra cá.
Por enquanto, vamos seguindo pra dentro.

ARMADILHA

Eu estou sorrindo na superfície
mas dentro de meu peito
nada um tubarão de dentes afiados
que está faminto
e eu sei
que ele vive à espera
de algum desavisado
tropeçar na borda de mim
e cair.

PULMÃO

(onde a minha respiração encontra seu próprio ritmo outra vez)

Reconhecimento

No caminho até aqui eu perdi tanta coisa
(isso me assusta)
mas respiro fundo,
o ar preenche cada centímetro do meu pulmão
e logo depois me obriga a deixá-lo ir.

Sigo em frente,
não carrego nada.
Minhas mãos estão completamente livres
e eu queria saber o que fazer com elas.

Reconheço este lugar,
e ele me reconhece também.

Fecho os olhos
e percebo:
apesar de tudo,
ainda não me perdi de mim.

Sobre a beleza

A beleza é temporária
mas é o que fazemos quando nos sentimos belos
que geralmente nos torna eternos.

Ao contrário do que dizem,
se sentir belo não é sobre
como todos te enxergam,
mas sobre como confortavelmente
você existe em seu corpo
e transita entre cada uma de suas versões,
preenche cada um de seus espaços
reconhecendo a importância
de que o que falta
é também o que sobra.

A beleza é temporária
mas ela nos ensina tanto sobre o tempo
e sobre por que nos transformamos
no que não queremos ser
para entendermos o que é realmente nosso
e o que é do mundo.

Em minha breve existência
andei observando a beleza que sobressai
e tem a ver com ter o que poucos podem ter,
o padrão com que alguns nascem
e com o qual outros morrem.

O quão injusto é querer se transformar no outro
sendo que nossa maior qualidade é ser único?

Pois beleza de verdade
é sobre o que temos dentro
e vamos lapidando com o tempo,
sobre a coragem de ser vulnerável
e admitir que somos belos
porque nos permitimos ser feios.

Buscamos aprovação
negando quem nós somos
e desse jeito
elogio nenhum amortece a queda
que é cair em si.

Quando foi a última vez que alguém reparou em você
          [por dentro
ou que você permitiu a alguém realmente te conhecer?

A beleza é temporária
nós somos temporários
mas nossas combinações
de palavras, sentimentos e atitudes
criam histórias
e histórias são eternas.

Beleza é ainda
ter
vontade
de contá-las
para alguém.

O TEMPO E AS CERTEZAS

Quanto mais o tempo passa
menos certezas eu tenho.
Quanto menos certezas eu tenho
mais fácil o tempo passa por mim.

Para minhas irmãs mais novas

Queria ter gravado todas as conversas
que tive com minhas amigas nos últimos tempos.
Deixaria a fita com o registro guardada num cofre
como uma herança para minha futura filha, neta e
      [bisneta.
Quero que elas já nasçam sabendo
o que eu acabei de aprender na marra:
a importância de se estar rodeada de mulheres
e de dividir o peso da vida com alguém que entende
exatamente o quanto ela pode ser mais pesada pra
      [gente.
Quero enaltecer e agradecer
a todas as mulheres encantadoras, fortes e inspiradoras
que cruzaram meu caminho durante a fase mais difícil
      [da minha vida.
Foram suas palavras cruas e seus ouvidos atentos
que me mostraram como atravessar essa jornada.

Estranhamente familiar

Tenho medo de estranhar o que é bom
por ter ficado tanto tempo
aceitando
e me adaptando
ao que não é.

Não quero cair num padrão
de algo que me machuca
só porque agora a dor soa estranhamente familiar,
mas não preciso me machucar de novo
e ver o sangue escorrer
pra fingir
que as antigas cicatrizes
não estão mais aqui.

Meu histórico
não é uma previsão.

No escuro

De alguma forma,
o passado vai ser sempre menos assustador
que o desconhecido.
Não é porque você consegue prever o próximo
           [movimento
que a pessoa ou a memória se tornam
necessariamente
o lugar certo para você se refugiar.
Quando fechamos os olhos
dizemos para o nosso corpo
que tudo vai ficar bem,
mas para onde você vai quando tudo fica escuro?

Alguém com muitos detalhes

Eu me fascino pela complexidade de quem já não
    [precisa provar nada a ninguém
por meio de um combinado de clichês fora de
    [ordem e sem rima,
porque é isso que somos no fim das contas,
mas alguns disfarçam bem.

Detesto disfarces.

Quero ter a sorte de esbarrar por acaso com quem
    [tem algo a dizer
e que diga com muito entusiasmo enquanto sorri,
mesmo que eu particularmente não entenda ou
    [pareça banal.
É a enorme paixão por algo que me atrai.
Eu me apaixono pela paixão dos outros.

Quero aprender algo novo e inesperado
sem precisar esquecer tudo o que eu sei.
Descobrir que futebol não é tão chato
que nem toda festa é barulhenta
e que a melhor droga ainda é o amor.

Descobrir novas pintas escondidas,
notar no meu travesseiro o cheiro de um xampu que
      [nunca usei.
Uma nova esquina da rua por onde passo todos os dias.

Algo que me irrite, mas irrite ainda mais quando [não
      acontece.
Quero alguém com muitos detalhes
para que eu passe a vida toda reparando.

Quero escrever uma história
com quem gosta de pisar na grama,
de falar sobre o significado das músicas
e de acordar junto com o sol.

NIGGLING

O ato de projetar no outro
sua própria insegurança
criar um elo de desconforto
uma ponte de ansiedade
tentar fazer com que alguém
além de você
sinta o gosto
amargo
da sua boca.

Um recado para as minhas irmãs:
quando alguém se aproximar e
        [despretensiosamente apontar
cada um de seus defeitos
diminuir suas conquistas
ou rir dos seus valores
lembre-se:
corra.

Um pássaro me ensinou

Um pássaro inexperiente
pousa e tenta se equilibrar
no galho mais fino da árvore,
e o esforço para continuar ali é evidente.
Suas penas se soltam e caem em câmera lenta
enquanto todos os outros observam.
Ele sente medo de cair
porque se esquece
que tem asas
e chegou até ali
sozinho
voando.

Ainda não é hora
de construir um novo
ninho.

Saia antes
que todas as suas
penas tenham
se soltado.

Ocupe-se

Antes de dormir, escreva.
Ao acordar, transcreva.
Sobre você, sobre o tempo e o vento.
Sobre a interseção de seus sentimentos
com o resto do mundo.
Anote as coordenadas,
descreva as sensações em riqueza de detalhes,
como se estivesse desenhando um mapa.
Um mapa de como o mundo era
antes de eles chegarem.

Não se preocupe.
Ninguém vai entender.
Só você.

Pensamentos evaporam.
Guarde e enterre a ordem de suas palavras como
        [um tesouro.
E mesmo que eles destruam a floresta,
descubram uma nova mina de ouro
e calem todos os pássaros da manhã,
você sempre terá para onde ir.

Quando decidir se libertar,
o passado do passado
deve ser desenterrado
e celebrado.

Essa terra sempre foi sua.

VENTRE

*(os ciclos que começam e
terminam dentro de mim)*

Todo amor

Todo amor que eu tinha por você eu usei em mim.
Eu disse "eu me amo" todos os dias ao acordar
e "eu me perdoo" antes de dormir.
Quando tudo fizer sentido,
(só)
agradeço.

Mulher

Um brinde à mulher que você é
e a todas as outras que precisou ser
para que você finalmente existisse.
Obrigada.

Desejo que olhe para o seu passado com o carinho que
            [hoje
cuida de uma amiga que erra.
Se não formos amigas de todas as nossas antigas versões
e nos acolhermos, perdoarmos e entendermos,
lutaremos sem a nossa própria história.
Perderemos cada uma de nossas batalhas
— as internas e as externas.

Nossas armas não são flores
são cicatrizes
que sangraram por décadas
pedidos de socorro
feitos em silêncio.
Essas flores só nos lembram como é importante florescer
quando a estação pede,
quando um filho chora,

mas isso aprendemos logo.
Temos todos os ciclos dentro da gente.

Um brinde à mulher que você será
e a todas as coisas que ainda te doem
e que te lembram como é bom viver.
À sensibilidade de ser extremamente
vulnerável e forte.

Pelo menos uma vez por dia
sente-se com as suas emoções
fale com a sua intuição
busque a si mesma antes de esperar tanto do outro
mude de ideia mil vezes.
E lembre-se: quem é rígido quebra. Quem é macio se
      [acolhe.
Feliz dia da mulher
pra quem tem coragem
pra quem tem medo
pra quem nasceu
ou se descobriu
e pra quem morreu e nem teve
tempo de ver o jardim tão lindo e cheio de espinhos
que estamos cultivando aqui.

A ponte

A gente foge da tristeza
como se ela não fosse

       a ponte
       que nos leva

              até o outro lado
              onde se esconde
              a felicidade.

PODEMOS FICAR EM SILÊNCIO SEM PARECER ESTRANHO?

Sinto falta
de intimidade
espontânea,
mas nem sei
se isso ainda existe.

CASA É ONDE VOCÊ SE RECONHECE

Esta cidade é grande, mas já foi maior.
Bem maior.
Lembro como eu cheguei.
Lembro quando eu voltei.

Anos se passaram entre os reencontros
e continuo olhando atentamente através da janela.
Avenidas congestionadas, passarelas movimentadas
e os karaokês barulhentos da Liberdade,
todos iguais, mas agora é diferente.
Antes eu tinha a sensação
de que São Paulo me engoliria inteira
a qualquer momento,
agora, caminhar sozinha por essas ruas
e resgatar memórias perdidas
é quase como receber um abraço apertado e
        [quentinho
de alguém da família que não vejo há tempos.

Não é sobre me sentir segura
(provavelmente eu nunca vou me sentir segura aqui),
mas é sobre me sentir verdadeiramente parte de algo.

Aqui serei sempre a garota do interior,
nunca pretendo me livrar do meu sotaque,
mas nesta tarde ensolarada de fevereiro, me fez bem
            [constatar:
não há outro lugar no mundo
que eu gostaria de estar neste exato momento
além de São Paulo.

Isso foi inesperado.
Isso foi reconfortante.

Da importância que você dá

Você pode escrever oito anos da sua vida
em três frases
ou pode escrever um dia
em cinco livros.
Tudo depende
da importância que você dá,
dos detalhes que você guarda.
Das partes que você tem coragem
de mexer e transformar
em algo melhor.

Celebre as mudanças

Se você não celebrar suas pequenas mudanças
elas nunca vão te levar
para um lugar realmente novo.

O RITUAL

Se olhe
de fora pra dentro
de dentro pra fora.
Se enxergue
com os olhos
de alguém que
jamais conseguiria
viver sem você.
Sinta o carinho da sua mão
percorrer o seu corpo
e descubra um caminho
que sempre foi só seu.
Permita que o silêncio te deixe escutar
mas se quiser aumente o volume
da música que diz por você.
Grite bem alto,
chore até a última gota não se render à gravidade,
evapore,
seja chuva,
seja mar,
banhe-se em ti.

Deixe que o espelho se embace num banho bem quente
e desenhe um coração irregular com a ponta do dedo.
Vista sua roupa favorita,
agora abra a janela
sinta o vento
o tempo.
Colha uma fruta do pé.
Pinte as unhas de vermelho.
Pise na grama.
Olhe pro céu.
Se olhe de novo.
Faça tudo outra vez até entender
o porquê.

Espelho

Se você escolhe com atenção suas roupas ao acordar
e as músicas que vão tocar no caminho,
comece a escolher também seus
pensamentos antes de dormir.
Seja fiel
ao que deseja mudar.
O reflexo que o espelho não mostra
é o que mais precisa da sua atenção.

Escolhas

Toda vez que fugimos
deixamos espaço em algum lugar.
Toda vez que gritamos
roubamos o silêncio de quem estava por perto.
Toda vez que escolhemos
abrimos mão de outro caminho.
Há um mundo paralelo
onde você provavelmente nunca errou,
mas lá não é o seu lugar.
O seu lugar é aqui.

CADA VEZ QUE EU PENSO

Cada vez que eu penso em fazer algo
que sei que vai me sabotar emocionalmente,
eu bebo um copo de água, desligo o celular
e vou dançar alguma música sozinha na frente do
       [espelho.
Abrir a janela e sentir o sol esquentando a minha pele
também funciona.

Ao mesmo tempo

Há essa sensação de inércia,
de que o tempo parou e que nada
realmente importante acontece,
porque você percebe
todos os processos involuntários
que estão acontecendo
em seu corpo
neste exato momento.

Seu coração se contorce para bombear o sangue
que percorre cada centímetro do seu corpo.
Ao respirar seu pulmão estica e encolhe.
A imagem desta página atravessa sua córnea e
chega à íris, que regula a quantidade de luz graças à
          [sua pupila.
Talvez você esteja com frio e sua pele arrepie
ou alguns de seus fios de cabelo tenham ficado para
          [trás ao longo do caminho
e você nem percebeu.

Respeite os processos do seu corpo,
os que você controla, mas principalmente
os que não estão no seu controle.

Seu corpo

Nos próximos meses
seu corpo vai te levar para passear por lugares
        [maravilhosos.
Cada passo, uma nova flor.
Cada piscar de olhos, uma nova pintura.
Invista seu tempo nele.

FLORESÇA

A cura vem do processo de entender
que somos indivíduos diferentes e nem todas as nossas
        [escolhas
são feitas propositalmente para machucar o outro.
A complexidade da incontrolável decorrência dos fatos
enquanto a vida acontece
e das inúmeras camadas das quais somos feitos
é tão única que nem mil anos de convivência
fariam dois indivíduos que se amam terem
exatamente a mesma vivência de um relacionamento.

Se é diferente pra quem está ali, imagina pra quem
        [assistiu de fora?
Nossas emoções fluem dentro do corpo como rios de
        [água doce
que vão em direção ao mesmo mar,
mas os obstáculos vão sempre ser diferentes para cada
        [um de nós.
Acredito que o nosso mapa
começou a ser desenhado no momento em que
        [nascemos.
Depois, quando aprendemos a observar os nossos pais
ou sentir a ausência deles.

Quando tentamos explorar o nosso pequeno mundo
e somos incentivados ou reprimidos.

Nosso cérebro encontra um jeito de se adaptar a cada
        [nova ruptura,
de seguir em frente, mas isso talvez signifique
processar sentimentos de uma forma tão codificada
que quase, eu disse quase,
ninguém consegue entender cada reflexo.
É por isso que eu tento sempre lembrar
da importância da terapia
como forma de autoconhecimento.
Para sabermos diferenciar as bagagens que estamos
        [carregando diariamente.
Saber exatamente o que é nosso e o que é do outro.

Lembre-se: enquanto ainda estivermos agindo
nos baseando na maneira que o outro interpretará
        [nossas ações,
prevendo reações, não estaremos completamente
        [livres.
E esse é um movimento em vão,
simplesmente porque estamos nos baseando
num ponto de vista inventado.
Nunca teremos absoluta certeza
de algo que não acontece dentro da gente.

E o dia que tivermos,
provavelmente perderá toda a graça.

Então, reescrevo a minha história quantas vezes quiser.
O tempo passa rápido e devagar
para que a gente tenha espaço entre os acontecimentos
        [e aprenda com eles.
Não acredito em alma gêmea.
Acredito em almas amigas
que se complementam por um tempo indeterminado;
um ano, décadas ou uma vida inteira.
Almas amigas se reencontram,
se acolhem
e se complementam
enquanto descobrem
como é delicioso e assustador viver e se arriscar.

Seja qual for a sua crença, duvide de tudo,
menos do amor.
E da capacidade de se curar.

Vendo aqui de fora, você é uma linda paisagem,
e cada curva, cada flor, cada bater de asas importa.
Floresça.

O SOL TEM SEMPRE UM
CONVITE A FAZER

Em uma tarde despretensiosa de novembro
eu me apaixonei pelo sol
e pela maneira como ele cuidadosamente
tocou cada centímetro da minha pele à mostra
fazendo as sombras desaparecerem aos poucos
e o frio se tornar uma lembrança confortavelmente
          [segura.

Começamos a nos encontrar todos os dias no mesmo
          [horário,
nas primeiras horas da manhã ao abrir a janela e
no banco de madeira da praça do bairro em que eu
          [morava.
Eu quis muito que nossos encontros durassem mais,
mas ele sempre se despedia no fim da tarde
e deixava de presente uma pintura em aquarela
com minhas cores favoritas no céu.

Um dia, eu precisei fazer as malas,
vender minhas coisas
e ir embora.

Tive medo de como isso me transformaria,
mas, pela fresta da janela,
eu o vi.
Ele viajava comigo.

Às vezes, sinto angústia nas nossas despedidas.
Em outros dias, sinto meu peito preencher-se de alívio.
Eu diria que hoje somos ótimos parceiros.
Enquanto escrevo estas palavras
ele me envolve e transforma cada detalhe à minha volta
e — eu ousaria dizer — também dentro de mim.

Nos dias nublados, eu me agasalho à sua espera,
faço chá e esquento as mãos na minha caneca favorita.
Nos dias mais quentes, eu visto o meu menor biquíni
e deixo as abelhas dançarem em volta de mim.

Essa é uma história de amor
pra você que cansou de histórias de amor.

O sol tem sempre um convite a fazer.

Casca de banana

Perdoar consiste em muitas coisas ao mesmo tempo,
mas nenhuma delas muda o que te aconteceu.
E talvez por isso seja tão difícil
abrir mão dos personagens que moram no fundo
          [da memória,
dos antagonistas dessa história horrível e triste,
que você se conta
de novo
e de novo,
mesmo sem querer,
antes de dormir.

Eu acredito na sua história,
mas não acho que é a única versão,
e provavelmente também não será a de quem te
          [machucou.
É como uma casca de banana
que você deixa cair na rua em que passa
todos os dias
na esperança de ele passar também.
Mas é só você que escorrega,
cai e se machuca
de novo
e de novo.

Ao contrário do que provavelmente te disseram,
perdoar não é dizer uma porção de palavras bonitas em
        [voz alta,
perto dos seus amigos e família,
nem envolver o orgulho em uma embalagem bonita,
ou ser uma pessoa boa, que perdoa tudo.
Perdoar, antes de qualquer outra coisa,
é sobre se sentir pronta para se libertar.

Não há um atalho que te faça pular para o fim desta
        [linha do tempo,
para evitar toda a luta, todo o luto e toda a dor.
Há um caminho que precisa ser percorrido,
e ao longo dele você vai entender
que o único elo que realmente te prende
e te puxa de volta a alguém que te fez mal no passado
vem da necessidade de controle,
da sua vontade de mudar o jeito que as coisas
        [aconteceram
ou ao menos a maneira como o outro se sente a respeito.
Mas isso não é sobre o outro,
é sobre você,
e eu sei que você é muito mais
que algo de ruim que te aconteceu.

Então, se eu pudesse te dar apenas um conselho, seria:
antes de dar o próximo passo,
tire a casca de banana.
Há outros jeitos imensamente mais divertidos
de cair por aí.

PROJEÇÃO

Quanto a gente perde
de quem a gente é
pra ser quem as pessoas
querem que a gente seja?

Deixei tanto de mim
no caminho
que eu me pergunto
se esse reflexo
no espelho é meu
ou uma projeção
dos que um dia ouviram
o meu "eu te amo"
e foram embora.

Rede

Nós nos silenciamos,
mas nunca deixamos de nos seguir.

Amor-próprio

Ela queria viver
e escrever sobre
todos os relacionamentos do mundo,
menos o que tinha consigo mesma.

Me pergunto quantas declarações de amor
ela já disse em voz alta
apenas porque era exatamente
o que ela queria e precisava ouvir?

Garota, como você sempre teve
tanta certeza do que tem lá no fundo do seu
      [coração
se você nunca teve a coragem de seguir em frente
no seu próprio ritmo?

A palavra que eu não sei dizer

Foi o dia em que aprendi
que juntar forças para falar "não"
honestamente
não é tão ruim quanto lidar
com todas as pequenas consequências
e desdobramentos
de um "SIM"
indesejado.

Não é não.

MÃOS DADAS

E se eu te disser
que você tem o barulho
do mar dentro de si?

Aquele que te acalma.

Somos feitos de água
e queremos mergulhar
em oceanos que não são nossos.

Deveríamos querer
flutuar de mãos dadas
com alguém que já sabe
da sua própria maré.

O BARULHO QUE QUASE MAIS NINGUÉM ESCUTA

Eu gosto do barulho
que o silêncio faz
quando reencontro
todos os meus desencontros
e tiro de mim
por intermédio das palavras
o desconforto
de um peso
que nunca foi meu.
E nos espaços que ficam
numa respiração profunda
eu me estico
me sinto
e me alongo.
Também sou feita
de vazios.

TROCA

Eu te ofereço tudo o que posso,
e isso nem sempre é exatamente
o que você precisa.

Mas não há nada de errado
em não ser exatamente o que
o outro espera,
assim como
não dá para esperar
que o outro seja
exatamente o que te falta.

FUGIRIA

O que o início
faria se soubesse
que o fim
não se importa?

Depois

Há dias de profundo silêncio,
em que tudo o que quero
é o oposto do que devo.
E eu me enrosco
no agora de todas as coisas
que são para depois.
E vou adiando a vida
só para que o tempo,
que passa mesmo quando
tudo não se move,
me transforme
na minha pior inimiga.
E você perca o seu posto
por breves instantes
de minha própria
irresponsabilidade.

DIFERENTES

A sua página oito não é a mesma
página oito do livro da vida de outra pessoa.
Não é a sua história.
Não dá pra exigir que,
mesmo vivendo o mesmo momento,
olhando para o mesmo problema,
sangrando da mesma ferida,
o outro entenda absolutamente
como você se sente.

Nós sempre nos lembramos
de formas diferentes
de como tudo aconteceu.

Organização

Que grande bagunça eu fiz
tentando organizar todas as coisas
que não eram minhas.

BRUNA VIEIRA

131

Eu só sei fazer amor

É que as pessoas deixam pequenas marcas invisíveis
quando nos atravessam
e vão embora.
Mas todos os dias,
ao abrir os olhos pela manhã
e apoiar o peso da vida sobre os pés,
nós é que escolhemos como vamos
olhar para elas
e o que faremos
com a dor.

Deposite sua dor aqui,
para que ela faça companhia para a minha.

Espaço

Quanto mais você aceita
a jornada do outro,
mais você entende
a sua.

Nem todo mundo quer ir até a lua.
Alguns preferem ficar aqui e dançar.

TRANSIÇÃO

Tudo começou com uma ânsia de mudança;
o que eu ainda não sabia
é que quase toda mudança que escolhemos viver
é também um retorno,
direto ou indireto,
para quem nós nascemos
para ser.

Foram tantos anos alisando o cabelo
que pra ser honesta eu não lembrava como ele
          [realmente era;
recorri ao meu álbum de fotos da infância.

Será que ainda vive em mim
essa criança
descabelada
e encaracolada?

Uma vida inteira odiando a minha raiz
para então perceber que ela virou sinônimo de
          [esperança.
Todos os dias eu olhava para o meu reflexo no
          [espelho pela manhã

e sonhava em poder controlar o tempo,
queria que ele passasse mais rápido
para que eu finalmente pudesse me olhar
e me reconhecer.

Por meses eu me senti uma estranha presa em mim
porque eu já não era mais quem esperavam que eu fosse,
mas também não era quem eu estava acostumada a ser.

Todas as opiniões não solicitadas
disfarçadas de preocupação e ansiedade
aumentavam ainda mais meu questionamento:
como eu vim parar aqui?

Entrelacei minhas inseguranças,
dei um nó nas incertezas,
e enrolei com os dedos
cada mecha fora do lugar.
Deitei em uma fronha lilás de cetim
e comprei os cremes mais cheirosos do mundo.

Até que todo esse ritual
já não era mais tão ruim assim.

Aos poucos,
o frizz e os fios fora do lugar se tornaram minha
        [assinatura.

O volume, a moldura perfeita
para a pintura,
uma pintura
que eu ainda não terminei de fazer,
mas que todos agora
      [olham atentamente.

A transição
me levou
de volta
para mim.

BRUNA VIEIRA

IDIOTA

Quantas vezes
o medo de parecer
idiota
te impediu
de se parecer
com quem você
sentiu na boca do estômago
que deveria ser?

Somos todos idiotas para alguém.

Escolha

Eu vou construir uma vida
com as escolhas que eu alcançar
e com as que caírem no meu colo
porque sentar aqui nunca foi fácil.
E vou ser corajosa e gentil
vou escrever a minha história
em folhas soltas e nas paredes brancas,
por mim e para as que vierem depois,
para que, em comparações futuras,
em noites de insônia,
mesmo com a minha insistente memória seletiva,
não haja nenhuma dúvida:
eu sempre serei a minha melhor opção.
E eu sempre vou me escolher,
mesmo quando ninguém mais ousar fazer isso.

Cicatrização

Use a sua energia
para se curar
antes de tentar sair por aí
curando os outros.

Essas feridas
precisam de tempo.
Se quer mergulhar no desconhecido
para saber como é se afogar,
mergulhe em si.

Há tantas partes suas que você ainda
não teve a oportunidade de conhecer.

Autoconhecimento é cicatrizante.

DIREÇÃO

O vento que bagunça seu cabelo
e levanta o seu vestido
e te faz arrepiar
e querer se esconder
é o mesmo que te diz para onde ir.

(eu me) arranjo

Desculpa

Quando machuco alguém
e só percebo depois
eu abraço a culpa
num movimento
de olhar para dentro
e entender
onde realmente
está doendo.
Ah, meu bem.
Em dias de ventania como hoje,
como é difícil não querer fazer o outro sangrar
por algo que dói onde eu ainda não alcanço.

Provisório e definitivo

Não esqueça:
todas as coisas mais lindas
que você ainda vai ler por aí
um dia foram só um rascunho.

ONDE ESCONDERAM A CHAVE?

Reconhecer nossas semelhanças
para parar de odiar em você
o que eu nunca soube lidar em mim.
Entender que a cura vem com o tempo,
mas o tempo não passa em gavetas trancadas.

Meu lar é meu mundo

O momento
em que um lugar estranho
vira a sua casa
e parte de ti
fica pra sempre ali.

Quero deixar um pedaço de mim em cada lugar do
        [mundo.

ESSE DIA CHEGOU

Um dia a sua cicatriz mais profunda
finalmente vai parar de coçar.
E você só vai perceber bem depois
quando estiver usando a ponta dos dedos
para fazer qualquer outra coisa
por você.

Um dia essa lembrança
que hoje é a chave de uma caixa cheia de questionamentos,
que você esconde do mundo
e de si,
vai também ser um lembrete
do quão forte você é capaz de ser.

Um dia, contar a sua história em voz alta
em uma mesa de bar ou em páginas de um livro
não será mais tão difícil.
Porque o tempo fez a gentileza de te mostrar
que a sua história de verdade começou bem antes
de tudo aquilo acontecer
e ainda está longe,
bem longe,
de terminar.

Essa rima é toda minha

Eu gosto dos meus erros
porque eles meio sem querer
rimam com os meus acertos.

Eu realmente estou fazendo isso por mim?

Faça outra vez
até a resposta ser
confortavelmente
"sim".

SELVAGEM

Será que eu sou assim tão selvagem
ou simplesmente estive muito longe
das terras em que eu nasci pra florescer?

Selvagem II

De agora em diante,
todos os lugares que eu quiser
serão meus,
mas minha função
não será meramente decorativa.

Meu cabelo
descabelado
é só meu.
Eu sou flor
— flor selvagem.

Esse pólen
é feito (de) palavras,
e quando eu floresço,
todas as flores à minha volta
se abrem também.

Flor selvagem,
a mais livre e perigosa entre todas,
que cresce a céu aberto
e agora sabe que pode florescer
onde bem entender.

Mudei os móveis de lugar

É como se ao fechar meus olhos
a escuridão me obrigasse a olhar para dentro.
Durante todos esses meses,
a solitude me permitiu criar o hábito
de observar atentamente
meus próprios pensamentos.
Sem querer moldá-los.
Apenas observá-los.

Como eles vêm,
por onde eles chegam,
e quais eu deixo ficar.

Eu adoro as plantas e a luz da sala de casa,
mas a mobília do lugar onde eu realmente moro
é feita de pensamentos que eu escolhi cultivar.

LEMBRETE

Este é um singelo lembrete
de que nem todo novo começo
está em outro lugar
ou em outra pessoa.

Podemos ainda estar percorrendo o mesmo
        [caminho de sempre,
mas desta vez vamos olhar atentamente onde
        [estamos pisando.

Vingança

Talvez a grande vingança
que os filmes e livros esqueceram de nos ensinar
não tenha nada a ver com fazer o outro sofrer o
          [mesmo que você,
mas sim se curar e reconhecer
a hora de seguir em frente.
Ainda há tempo para uma nova história.

Cartas

O que as cartas me disseram
eu já sabia.

Estou livre
e tudo o que me aconteceu
(a ordem catastrófica das coisas e suas respectivas
     [reações incsperadas
acompanhadas de uma sequência de noites
     [solitárias e assustadoras)
aconteceu porque se fosse de qualquer outra
     [maneira
eu não teria desistido das promessas que fiz.

Um senhor de rugas finas e cabelos brancos
me disse que tudo já estava escrito desde o dia em
     [que eu nasci
e que até o meu mapa astral previa uma ruptura
     [inesperada
— mas avisou que isso acontecer tão cedo era bom,
porque através dela entraria muita luz,
como quando a nuvem sai da frente do sol
e a sala inteira muda de cor.

Só a vivência traz clareza para nossas próximas
        [experiências.

Lembro que era começo de um novo ano
e eu deixei aquela sala e flutuei pelas calçadas do bairro.
Declarei o início de uma nova era.
E um reino inteiro de vontades me seguiu.

Corpo

Por muito tempo eu não quis olhar para o meu corpo.
Durante toda a minha vida existimos no mesmo espaço,
mas eu nunca estive lá por ele
como ele esteve por mim.

Eu queria que me olhassem,
mas enxergassem apenas o que eu criei:
meus livros, minhas histórias
e a trajetória que percorri.
Mas bastou as coisas saírem do controle
para que eu me desse conta
de que me faltava o equilíbrio.

Do tornozelo aos ponteiros do relógio,
dos cronogramas ao reflexo no espelho.

Eu não sou apenas o que os outros reparam.
Eu defino o que é importante agora.
E por um tempo,
deixei todas outras coisas ficarem de lado,
menos eu.

Inveja

E se a inveja
na verdade for
uma pista
da direção em que
uma parte de mim
acredita que eu deveria estar indo,
mas eu simplesmente não
consigo me ouvir com clareza?

O simples ato de me dobrar
e enxergar meus pés
— reparar nas cicatrizes
que eu já nem lembrava
e que contam histórias
da minha infância —
me fazendo perceber
que eu fui e sou muito mais
do que qualquer sentimento
que me faça querer.

3 PALAVRAS, 7 LETRAS E EU CONTINUO SENDO MINHA

"Eu te amo"
não é uma promessa
muito menos uma garantia.
"Eu te amo" é um sopro gentil do agora.
Um vento inesperado
que afasta nuvens escuras
e te faz lembrar que o sol nunca
vai deixar de estar ali.

Ruiva

Pintei as paredes de casa.
Depois me olhei no espelho
e soube:

eu nasci
pra ser assim.

Madrugada

A solidão só faz companhia
para quem não se faz companhia.

Exercício

Visitar um lugar pela primeira vez.
Não apenas ir, mas estar ali.
Percorrer com os olhos tudo à sua volta
para lembrar como é descobrir
algo despretensiosamente bom.

Imaginar que aquilo faz parte de uma dança
e há uma música que ninguém mais escuta tocando
na sua mente, cada cena acontecendo em câmera lenta.
Agora você consegue secretamente perceber
o barulho dos pássaros,
o papel atravessando a rua com o vento
e o cheiro do perfume de alguém que acabou de passar.

Quantas coisas acontecem assim
ao mesmo tempo
dentro e fora da gente?

Para onde estamos realmente olhando
quando passamos por algo pela primeira vez?

Novos (velhos) hobbies

Visitar a casa dos meus pais
e abrir um álbum de fotos da infância
listar todas as coisas que eu amava fazer
e que, seja pelo motivo que for,
foram ficando de lado.

Eu dançava,
eu pintava,
eu tirava fotos pra ninguém mais ver.

Percorro o caminho de volta
com o sentimento de que,
sempre que eu esquecer o que me faz feliz,
a resposta estará guardada ali.

INFP

Ontem conversei com uma amiga
sobre como é ser como a gente é.

(Que presente é se reconhecer
no outro e perceber que não
carregamos nossas tendências
nessa existência
completamente sós.)

Contei que eu me sinto estranhamente exausta
depois de qualquer evento em que eu precise
performar minhas emoções e opiniões usando meu
      [corpo
e não apenas as minhas palavras escritas
(como estou fazendo agora).

Não me entenda errado.
Eu adoro sair, viver e conhecer pessoas,
mas esse é um movimento que
exige muito de mim.

Volto pra casa
e desmorono.
Em silêncio,
mergulho na minha cama
e respiro fundo.
Sinto uma onda me atravessar.
Não é tristeza,
nem raiva,
nem qualquer outro sentimento do qual eu saiba o nome.

O mundo me inspira
mas também tira um pouco de mim.
E eu preciso de tempo
para me achar de novo toda vez.

A MENINA QUE QUERIA ENTENDER AS BORBOLETAS

Entender o que acontece com o meu corpo
quando eu não estou no comando
me dá um senso de controle.

Por exemplo,
quando sinto borboletas no estômago.
O que isso quer dizer?
(Além de que eu estou apaixonada, claro.)

Disseram que é porque falta sangue no estômago,
já que meu corpo acredita que posso estar em uma
        [situação de perigo
e que talvez eu precise usar meus músculos e correr
        [a qualquer momento.

Pupila dilatada,
respiração ofegante
e coração acelerado.
Correr.

Veja bem,
eu deveria pedir
mais conselhos
para o meu corpo.

AME

Ame como se o mundo estivesse acabando.
Ele está.

REENCONTRO

Temos um encontro marcado com a nossa versão
  [do futuro.
Eu, você, eles, todos nós.
Não há o que fazer para nos prepararmos:
botox, uma fórmula mágica para se perdoar ou
  [uma frase pronta
que muda de significado cada vez que você lê.
Viver intensamente é o meu caminho favorito,
mas eu queria dizer que as notas tomadas
no dia seguinte da loucura
importam tanto quanto.
Afinal de contas,
sobre o que você vai falar
quando você se reencontrar?

Será que eu posso curar
em mim o que eu tenho
tentado curar no outro?

Minha história não me
define, ela me ensina.

Agora

Desejo que agora,
depois de tantas páginas viradas,
você finalmente consiga olhar pra trás
sem se enroscar na culpa do que deu errado.
Desejo que hoje seja pra sempre marcado
como o dia em que você finalmente percebeu:
as descobertas feitas com alguém quando se está
       [perdidamente apaixonado
também são suas, também são você.

Essas lembranças varridas para debaixo do tapete
       [da sala
não precisam ser gatilhos e armadilhas para sempre,
não se você tiver a coragem de reconhecer
que algo genuinamente bom também aconteceu ali.

Agora que a raiva se transformou
em algo que você talvez ainda nem saiba nomear
e que o rosto de quem te machucou já não tem mais
tantos detalhes,
desejo que você possa falar sobre isso com alguém
       [abertamente sem ter pesadelos;

tudo de que fugimos ao longo do dia volta à
        [noite para nos fazer companhia.

Desejo que você possa fazer essa poeira flutuar,
com o sopro da sua liberdade.
Espero que nenhum outro tempo
— nem passado, nem futuro —
te preencha e pertença tanto quanto
o agora.

Ponto-final

Quando coloco o ponto-final
em algo que escrevi,
me vem logo aquela sensação
de que eu sou capaz de tudo
que eu quiser.

Espero que este livro
te lembre disso.

O ponto-final
é sempre
seu.

Entrevista com a autora

1. Depois de livros de crônicas e romances, por que você decidiu escrever poesia? Você acredita que os poemas têm um poder de comunicação diferente da prosa?

Não foi uma escolha pensada. Na verdade, sinto que fui escolhida e acolhida pelo gênero em um momento que as coisas estavam extremamente confusas e instáveis na minha vida. Algo me impedia de destrinchar e desenvolver tudo de uma vez. Meu corpo precisava dessa força para continuar existindo. A poesia me trouxe coragem e liberdade para olhar atentamente e perceber cada uma das minhas feridas internas que, naquela época, ainda latejavam e me tiravam o sono. É como se eu tivesse usado a ordem dessas palavras para me costurar de dentro para fora. No meu próprio ritmo. Com uma linha feita de mim. Na época muita coisa não fazia sentido, mas eu me permiti colocar tudo para fora mesmo sem ter certeza de que se transformaria em algo palpável para alguém além de mim. Faltava técnica, mas eu transbordava sentimentos como nunca. Acho que foi o suficiente. A escrita e o tempo ainda são os melhores cicatrizantes que eu conheço. Transformar vivências reais em poesia é um ato de revolução. Há sempre a opção de passar por aquilo sem deixar rastros, inserir na ficção algum tempo depois e fingir que nunca aconteceu com a gente... mas não consigo deixar de pensar no quanto teríamos perdido nesse intervalo. Quantas pessoas perdem a oportunidade de completar essa jornada de autoconhecimento e precisam justamente dessa honestidade? Olhar para todos esses poemas hoje me faz perceber como se relacionar com o outro é também uma oportunidade única de nos conhecermos e descobrirmos quais são nossos limites.

2. A escrita de *Meu corpo virou poesia* durou cerca de três anos. A Bruna que começou a rascunhar os primeiros poemas é a mesma de agora?
Definitivamente não. Eu teria me transformado de qualquer maneira porque a vida nunca para de acontecer, mas não teria todas as ferramentas emocionais que tenho e uso diariamente para tomar minhas decisões. Se usufruo de alguma paz interior e me perdoei por cada decisão feita no passado é porque em algum momento no processo de escrita deste livro entendi que equilíbrio não é sobre estabilidade ou conseguir desviar dos sentimentos que bagunçam a gente. É sobre ter a audácia de ir e sentir, mas saber exatamente como voltar para si.

3. Em seus poemas, você compartilha sentimentos e observações muito íntimos. Como é para você se entregar — de corpo e poesia — aos leitores?

As pessoas me observam diariamente nas redes sociais há mais de doze anos, acompanharam cada fase que vivi na adolescência e primeiros anos da vida adulta, acho que me acostumei com a sensação. Ainda assim, sei que elas só me conhecem de verdade e por inteiro quando abrem um livro meu. A escrita será sempre a maior conexão que tenho com quem me segue.

4. Na abertura do livro, você diz que sua cabeça virou verso, sua garganta virou estrofe, seu pulmão virou métrica, seu ventre virou rima. E o seu coração?
Meu coração é o movimento. O ritmo. É de onde vem a energia que orquestra cada partezinha do meu corpo e me conecta com o outro através das palavras.

5. A união entre mulheres é um tema muito importante do livro. Que mensagem você gostaria que suas leitoras levassem consigo depois da leitura?
Sabe aquela sensação de viver algo e finalmente entender o conselho que alguém te deu há muitos anos, mesmo que na época não fizesse sentido? Sinto que as conversas honestas que tive com mulheres ao longo da vida frequentemente voltam como conselhos perspicazes, e esse é um tesouro imensurável que carrego comigo. O meu olhar atento e o meu ouvido acolhedor fazem com que esse tesouro só aumente com o passar do tempo. Quando

uma mulher cria coragem para contar sua história, muitas outras percebem que podem fazer o mesmo. Espero que este livro seja um convite para muitas garotas que estão quebradas por dentro e ainda acreditam na ideia errônea de que a competição feminina é o único caminho para serem aceitas em um mundo que foi construído para nunca fazermos totalmente parte dele.

6. Quando você decidiu que queria ser escritora?

Será que a gente decide isso em algum momento mesmo? Sempre acreditei que, de alguma forma, todos nós somos escritores em potencial. Vamos escrevendo a nossa história e criando nosso próprio "eu" ao longo da vida, certo? Existimos porque observamos o outro, reagimos ao outro, aprendemos com o outro; e algumas pessoas, tipo eu, escolhem transformar essas reflexões particulares e ideias malucas em histórias, livros, filmes. É uma ponte invisível para que outras pessoas também possam percorrer o seu caminho. Um jeito de fazer com que alguém também tenha a opção de se deixar transformar, mesmo sem estar realmente ali. Esse é o superpoder do ser humano.

Tá, vai. Uma data. A imaginação sempre esteve ao meu lado e em algum momento da minha adolescência, quando criei o blog Depois Dos Quinze, percebi que precisávamos urgentemente ser amigas. Desde então nunca mais me senti sozinha. Desde então me chamam de autora.

7. Gosta de ouvir música escrevendo? Cite algumas músicas que te acompanharam durante a escrita do livro.
Não consigo escrever em silêncio. A música é a minha melhor companhia quando quero acessar lugares inexplorados dentro de mim. Não fui para a frente com as aulas de piano, infelizmente, mas tenho a sensação de que, quando escrevo, meus dedos seguem o mesmo ritmo do que estou ouvindo e isso influencia diretamente o resultado do meu texto. Para escrever este livro criei uma playlist cheia de sons, sensações e histórias que complementam com excelência os poemas. Ela está disponível nas minhas redes sociais com o nome "Escrever" e os artistas vão de Aurora, Kodaline, EXES, Yael Naim, Billie Eilish, Sara Bareilles, Cyn, The Japanese House, até Regina Spektor.

8. Em versos como "Na cidade da neblina,/ não adianta esperar o sol./ Ele nunca é quente o suficiente", percebemos o ambiente entrando na poesia. Como os acontecimentos do mundo ao seu redor e o lugar onde você está impactam sua escrita?
Nos últimos anos muitos dos sentimentos que pareciam obscuros para mim só foram compreendidos de verdade através das sensações do meu corpo físico e da relação dele com o mundo externo. Afinal, antes de estar em qualquer lugar, eu estou em mim. Antes de estar em qualquer relacionamento, eu preciso aprender a conviver comigo. Mui-

tos dos desarranjos que vivi começaram aqui dentro, e o processo de me sentir bem na minha primeira casa partiu de um ponto de extremo desconforto e rejeição. *Meu corpo virou poesia* é sobre esse movimento de transformação que pode começar a qualquer momento e provavelmente nunca vai parar. Entender que eu não controlo os acontecimentos do mundo ao redor me fez ter ainda mais vontade de tomar consciência do que é realmente meu, do que eu sou agora e de quais são as minhas fronteiras invisíveis. O universo conversa comigo o tempo inteiro através do meu corpo. Deixa pistas de qual parte, interna ou externa, mais precisa de atenção. Achei que seria egoísmo guardar essas pistas só pra mim.

9. Se você pudesse voltar no tempo e entregar um único poema deste livro para a Bruna de cinco anos atrás, qual seria? Por quê?

Seria "Semente", poema que tem um verso que deu nome ao livro. Poucas pessoas sabem como ele nasceu e a história merece ser compartilhada aqui. Em uma madrugada quente de fevereiro acordei sem motivo aparente. Depois de alguns minutos lutando contra a insônia, luta recorrente na minha vida, me rendi e peguei o celular. Havia uma notificação de e-mail de um amigo chamado Pedro Chiovitti com o resultado de um vídeo despretensioso que gravamos dias antes no meu apartamento. Eu tinha me mudado havia poucas semanas e ainda estava me acostumando com a ideia de morar em São Paulo outra vez. Nem todo mundo tem a oportunidade de se assistir através do olhar artístico de um profissional tão talentoso, mas ainda bem que eu tive. Quando fechei os olhos de novo, fui inundada por cada verso daquele poema. Eu não tinha como não anotar aquela sequência de palavras tão poderosas que foi saindo pelos meus dedos em pouquíssimos minutos. Meu peito ficou leve quando escrevi a última palavra e li tudo em voz alta. Alguns dias depois o vídeo foi publicado junto com o poema e em poucas horas viralizou nas redes sociais. Acho que muitas pessoas se sentiram compreendidas e até me conheceram ali. Veja, eu não mudaria a ordem das coisas porque acho que cada experiência é importante para o nosso amadurecimento. Gosto muito mais de quem eu sou hoje do que eu gostava há cinco anos. Soube quando eu publiquei. Esse poema é mais íntimo do que uma foto minha nua.

10. Que dicas de leitura você daria para quem gostou dos seus poemas e agora deseja se aventurar por outros versos? E que livros de outros gêneros você gostaria de recomendar? A poesia me fisgou quando eu estava em outro país e queria muito melhorar meu inglês. Não dominar a língua do lugar onde eu queria tanto me adaptar era extremamente frustrante e limitante pra mim. Minha voz é tudo o

que eu tenho, minha ferramenta de trabalho e a forma como me conecto com os outros, e lá todas as coisas que eu pensava não saíam pela minha boca do jeito que eu imaginava. A maioria eu nem conseguia dizer em voz alta por medo de errar e envergonhar quem estava por perto. Poesia era um gênero que não exigia tanto vocabulário e por coincidência foi o que mais me acolheu durante esse período estranho. A cada visita à Urban Outfitters eu voltava pra casa com um livro novo. Li Rupi Kaur, Nayyirah Waheed, Cleo Wade e Courtney Peppernell. Outras leituras que me ajudaram a entender tudo o que eu estava vivendo foram *A ciranda das mulheres sábias* e *Mulheres que correm com os lobos* da Clarissa Pinkola Estés, *Lua vermelha* da Miranda Gray, *Grande magia* da Elizabeth Gilbert e *De amor tenho vivido* da Hilda Hilst.

Agradecimentos

Obrigada Luzia por me ensinar o que é o amor; Catarina por me ajudar a entender as palavras que eu ainda não sabia traduzir; Marcela por ser minha primeira amiga quando eu cheguei ali; Mari por ter nos recebido em sua casa; Mila pelas conversas tão lindas e transformadoras; Fernanda por ter viajado o continente para ficar por perto; Auana pela mensagem escrita em folhas de papel e espalhadas no chão; Anita e Victoria pelas noites divertidas no karaokê em Marina District; Nath por me buscar de carro e mostrar outros horizontes; Isabelle por me lembrar como meu corpo é incrível; Bia por ter ficado ao meu lado quando precisei; Ivana por me ouvir quando eu só conseguia chorar; Ivani por cuidar de tudo enquanto eu escrevia este livro; Ariane por me entender mesmo depois de tanto tempo; Ligia por nunca desistir da nossa amizade; Inha por me mostrar como é importante ser independente; e Alê por acreditar que tudo isso renderia um livro.

ESTA OBRA FOI COMPOSTA POR ELISA VON RANDOW EM AMALIA
E IMPRESSA PELA GEOGRÁFICA EM OFSETE SOBRE PAPEL PÓLEN BOLD DA
SUZANO S.A. PARA A EDITORA SCHWARCZ EM JUNHO DE 2021

A marca FSC® é a garantia de que a madeira utilizada na fabricação do papel deste livro provém de florestas que foram gerenciadas de maneira ambientalmente correta, socialmente justa e economicamente viável, além de outras fontes de origem controlada.